Wenn Gäste kommen

Kleine Leckereien, fix und fertig angerichtet, einfach aus der Hand zu essen: das ist Fingerfood.
Ideal, wenn viele Gäste kommen – vor allem dann, wenn Sie nicht jedem einen Sitzplatz anbieten können oder keine Lust auf »Geschirrberge« haben.
Die Rezepte dieses Buches sind für jeweils 15 oder 30 Portionen berechnet.
Wählen Sie je nach Anzahl Ihrer Gäste mehrere Rezepte aus, oder erhöhen Sie die Mengen so, daß jede Person etwa zehn »Häppchen« bekommt.

MIT ♥ LIEBE

FINGERFOOD

einfach raffiniert

GONDROM

Paprikaschiffchen mit Frischkäse

Statt der Paprikaschoten können Sie auch Chicoréeblätter nehmen.

Gelingt leicht • Preiswert

Zutaten für 30 Portionen:
5 rote Paprikaschoten (etwa 1 kg)
1 Bund Schnittlauch
400 g Doppelrahm-Frischkäse
3 Eßl. Zitronensaft, frisch gepreßt
200 g Sahne
2 Knoblauchzehen
Salz
schwarzer Pfeffer, frisch gemahlen
100 g Mandelblättchen

- Zubereitungszeit: etwa 45 Minuten

Pro Portion etwa 390 kJ/93 kcal

1

Die Paprikaschoten waschen und längs halbieren. Die Kerngehäuse und die weißen Trennwände entfernen. Jede Schotenhälfte längs in 3 Teile schneiden. Den Schnittlauch waschen, trockenschütteln und in längere Stücke schneiden.

2

Den Frischkäse in einer Schüssel mit dem Zitronensaft verrühren. Die Sahne steif schlagen und dazugeben.

3

Den Knoblauch schälen und durch die Knoblauchpresse auf den Frischkäse drücken. Alles gut verrühren und mit Salz und Pfeffer würzen.

4

Die Creme in einen Spritzbeutel mit Sterntülle füllen und in die Paprika spritzen.

5

Die Mandelblättchen in einer trockenen beschichteten Pfanne hellbraun rösten und über die Paprika verteilen. Mit dem Schnittlauch garnieren.

!

Die Füllung schmeckt auch gut als Dip zu Rohkost und Kräckern.

Toastecken mit Lachstatar

Eine delikate Kleinigkeit, die sich gut vorbereiten läßt.

Exklusiv • Etwas teurer

Zutaten für 30 Portionen:
400 g Räucherlachs in dünnen Scheiben
Saft von 1/2 Zitrone
Salz
schwarzer Pfeffer, frisch gemahlen
1 Bund Dill
15 Scheiben Toastbrot
4 Eßl. Butter
150 g Crème fraîche

- Zubereitungszeit: etwa 30 Minuten

Pro Portion etwa 310 kJ/74 kcal

1

Den Lachs mit einem Messer kleinhacken. In eine Schüssel geben, mit dem Zitronensaft beträufeln, mit Salz und Pfeffer würzen.

2

Den Dill waschen, trockenschütteln und einige Zweige zum Garnieren beiseite legen. Den Rest ohne die groben Stiele fein hacken und unter den Lachs mischen.

3

Die Toastbrotscheiben im Toaster hellbraun toasten.

4

Die Toaste mit der Butter bestreichen, dann in Dreiecke schneiden. Den Räucherlachs darauf verteilen.

5

Je einen Klecks von der Crème fraîche daraufgeben, mit Salz und Pfeffer würzen und mit den beiseite gelegten Dillzweigen garnieren.

!

Der Lachstartar schmeckt auch gut auf Pumpernickeltalern oder Knäckebrot.

Fleischspießchen mit Erdnußdip

Die pikante Sauce gibt den köstlichen Spießchen erst den richtigen Pfiff.

Braucht etwas Zeit

Zutaten für 15 Portionen:
Für die Rindfleischspießchen:
750 g Rinderfilet
4–6 Eßl. Sojasauce
3 Teel. Sesamöl
Salz
schwarzer Pfeffer, frisch gemahlen
Für den Erdnußdip:
200 g Erdnüsse, geröstet und gesalzen
250 g Sahne
4–6 Eßl. Zitronensaft, frisch gepreßt
2 Spritzer Tabasco
Zucker
2 Eßl. Butterschmalz
15 Holzspießchen
Zum Anrichten: einige Salatblätter

- Zubereitungszeit: etwa 1 1/4 Stunden

Pro Portion etwa 900 kJ/210 kcal

!

Sie können auch fertiges Erdnußmus aus dem Glas verwenden (gibt's im Reformhaus).

1

Das Fleisch abspülen und trockentupfen. Dann in 1/2–1 cm dicke Scheiben schneiden.

2

3 Eßlöffel von der Sojasauce, das Sesamöl, Salz und Pfeffer verrühren. Das Fleisch damit beträufeln und zugedeckt etwa 50 Minuten ziehen lassen.

3

Inzwischen die Erdnüsse im Mixer fein mahlen. In einer Schüssel mit der restlichen Sojasauce, der Sahne, dem Zitronensaft, dem Tabasco, 2 Eßlöffeln Wasser, Pfeffer und etwas Zucker gut verrühren.

4

Das Butterschmalz in einer Pfanne erhitzen. Das Fleisch darin portionsweise in etwa 5 Minuten von allen Seiten anbraten.

5

Das Fleisch etwas abkühlen lassen. Die Scheiben in Viertel schneiden und jeweils 4–5 Stücke auf ein Holzspießchen stecken. Die Salatblätter waschen und trockentupfen. Die Spieße darauf anrichten, den Erdnußdip getrennt dazu reichen.

Überbackene Schweinefilets

Schön fürs Fingerfood-Buffet, aber auch als kleine Zwischenmahlzeit geeignet.

Gelingt leicht

Zutaten für 15 Portionen:
500 g Schweinefilet
Salz
schwarzer Pfeffer, frisch gemahlen
1 Eßl. Butterschmalz
1/8 l Rotwein
4 Tomaten
250 g Mozzarella
15 Scheiben Toastbrot
Für das Backblech: Pflanzenöl
Zum Garnieren: Basilikumblättchen

- Zubereitungszeit: etwa 1 Stunde

Pro Portion etwa 770 kJ/180 kcal

!

Falls es beim Schneiden mehr als 15 Scheiben werden, können Sie manche Brottaler auch mit 2 Scheiben Fleisch belegen.

1

Das Fleisch abspülen, trockentupfen und rundum salzen und pfeffern.

2

Das Butterschmalz in einer Pfanne erhitzen. Das Fleisch darin in etwa 6 Minuten von allen Seiten bei starker Hitze anbraten. Den Rotwein dazugießen. Zugedeckt etwa 20 Minuten bei schwacher Hitze garen, abkühlen lassen.

3

Die Tomaten waschen und in Scheiben schneiden, dabei Kerne und Stielansätze entfernen. Den Mozzarella in Scheiben schneiden. Den Backofen auf 220° vorheizen.

4

Das Brot toasten. Mit einem runden Ausstecher (etwa 7 cm ø) 15 Taler ausstechen (Seite 18).

5

Das Fleisch in 15 etwa 1/2 cm dicke Scheiben schneiden, auf die Toasttaler legen und mit je 1 Tomatenscheibe belegen, würzen und je 1 Scheibe Mozzarella darauf legen.

6

Ein Backblech einfetten. Belegte Brottaler darauf legen und im Backofen (Mitte, Umluft 200°) in etwa 10 Minuten überbacken, bis der Käse geschmolzen ist. Mit Basilikum garnieren.

Krabben-Dill-Gurken

Dieser Snack ist im Handumdrehen zubereitet.

Schnell

Zutaten für 15 Portionen:
3 Salatgurken (möglichst mit unbehandelter Schale)
1 Bund Dill
500 g Quark (40% Fett i. Tr.)
200 g gegarte, geschälte Krabben
schwarzer Pfeffer, frisch gemahlen
Salz

- Zubereitungszeit: etwa 45 Minuten

Pro Portion etwa 340 kJ/81 kcal

1

Die Gurken waschen, abtrocknen und längs halbieren. Dann mit einem kleinen Löffel die Kerne herauskratzen (Seite 18).

2

Den Dill waschen und trockenschütteln. Einige Dillzweige zum Garnieren beiseite legen. Den restlichen Dill ohne die groben Stiele fein hacken und unter den Quark mischen.

3

Die Krabben dazugeben und vorsichtig unter den Quark heben. Alles mit Pfeffer und Salz würzen. Die Quarkcreme in die Gurkenhälften füllen.

4

Die Gurkenhälften quer in etwa 3 cm dicke Stücke schneiden. Zugedeckt kalt stellen und mit den Dillzweigen garniert servieren.

Pizzaecken mit Broccoli

Der Pizzateig braucht zwar ein bißchen Zeit, läßt sich aber gut vorbereiten.

Preiswert

Zutaten für ein Blech von 35 x 40 cm (ergibt etwa 30 Stück):
Für den Teig:
1/2 Würfel Hefe (21 g)
1/2 Teel. Zucker
1 Teel. Salz
2 Eßl. Olivenöl
250 g Mehl
Für den Belag:
Salz
750 g Broccoli
200 g gekochter Schinken
150 g passierte Tomaten
schwarzer Pfeffer, frisch gemahlen
100 g frisch geriebener Emmentaler
3 Eßl. Sonnenblumenkerne
Für das Backblech: Fett

- Vorbereitungszeit: etwa 1 Stunde
- Backzeit: etwa 20 Minuten

Bei 30 Stück pro Stück etwa
330 kJ/79 kcal

!

Mit tiefgekühltem Hefeteig sparen Sie sich etwas Arbeit.

1

Den Teig wie auf Seite 34, Schritt 1–4 beschrieben zubereiten.

2

Während der Teig ruht, reichlich Salzwasser zum Kochen bringen. Den Broccoli waschen, dann in knopfgroße Röschen teilen und diese im Salzwasser etwa 2 Minuten blanchieren. Herausnehmen, kalt abschrecken und abtropfen lassen. Den Schinken klein würfeln.

3

Den Backofen auf 220° vorheizen. Ein Backblech einfetten. Den Teig ausrollen und auf das Blech legen (Seite 35). Die passierten Tomaten mit Salz und Pfeffer kräftig würzen und auf den Teig streichen. Den Broccoli darauf verteilen und die Schinkenwürfel dazwischen streuen. Alles mit dem Emmentaler bestreuen.

4

Die Pizza im Backofen (Mitte, Umluft 200°) etwa 10 Minuten backen.

5

Die Pizza herausnehmen, mit den Sonnenblumenkernen bestreuen und in etwa 10 Minuten fertigbacken.

6

Die fertige Pizza in Dreiecke schneiden und warm oder kalt servieren.

BON APPETIT

Blätterteigroulade

Die Rouladen schmecken am besten warm.

Raffiniert

Zutaten für 30 Portionen:
10 Platten tiefgekühlter Blätterteig
Mehl
6 rohe Bratwürste
6 Frühlingszwiebeln
4 Eßl. Crème fraîche
4 Eßl. Parmesan, frisch gerieben
1 Ei
Salz
schwarzer Pfeffer, frisch gemahlen
1 Eigelb
1 Eßl. Milch
Für das Backblech: Backpapier

- Vorbereitungszeit: etwa 1 Stunde
- Backzeit: etwa 25 Minuten

Pro Portion etwa 440 kJ/105 kcal

!

Ganz schnell geht's, wenn Sie die aufgetauten Blätterteigplatten halbieren, jeweils etwas Füllung daraufgeben und dann zu einem Dreieck zusammenklappen. Die Ränder gut festdrücken.

1

Die Blätterteigplatten nebeneinander auf einer bemehlten Arbeitsfläche in etwa 20 Minuten auftauen lassen.

2

Aus den Würstchen das Brät in eine Schüssel drücken. Die Frühlingszwiebeln waschen, putzen, mit dem zarten Grün sehr fein schneiden und unter das Brät mischen. Die Crème fraîche, den Parmesan, das Ei, Salz und Pfeffer unterrühren.

3

Je 2 Blätterteigplatten übereinander auf eine bemehlte Arbeitsfläche legen und jeweils zu einem 20 x 30 cm großen Rechteck ausrollen, an den Seiten gerade schneiden (Seite 19).

4

Die Wurstmischung gleichmäßig auf die Teigplatten streichen, ringsherum aber einen etwa 1,5 cm breiten Rand lassen. Die Teigränder der schmalen Seiten über die Füllung schlagen und den Teig von einer Längsseite her fest aufrollen (Seite 19).

5

Ein Backblech mit Backpapier belegen und die Blätterteigrouladen mit der Naht nach unten darauf legen. Die Eigelbe verquirlen und die Blätterteigrouladen damit bestreichen. Im Backofen (Mitte) bei 220° (Umluft 200°) in etwa 25 Minuten goldbraun backen.

6

Die Rouladen etwas abkühlen lassen, dann jeweils in sechs Stücke schneiden.

Brot ausstechen

1 Als Unterlage für diverse Brotaufstriche eignet sich sehr gut Toastbrot. Dafür die Toastbrotscheiben im Toaster goldbraun toasten.

2 Aus dem getoasteten Brot am besten mit einem runden Ausstecher (7 cm ø) Taler ausstechen.

Salatgurken aushöhlen

1 Zum Füllen die Salatgurken waschen, trockentupfen und längs halbieren. Die Gurken sollten eine unbehandelte Schale haben.

2 Mit einem Teelöffel die Kerne aus den Gurkenhälften herauskratzen und die Hälften nach Belieben füllen.

Blätterteigroulade

1 Je 2 aufgetaute Blätterteigplatten aufeinander auf eine leicht bemehlte Arbeitsfläche legen und in der gewünschten Größe ausrollen.

2 Die Ränder gerade schneiden. Den Blätterteig gleichmäßig mit Füllung bestreichen. Dabei ringsherum einen etwa 1,5 cm breiten Rand frei lassen.

3 Die Teigränder der schmalen Seiten über die Füllung schlagen, damit nichts herausfällt. Dann den Blätterteig von der Längsseite her aufrollen.

4 Die Blätterteigrollen mit der Naht nach unten auf ein mit Backpapier belegtes Backblech legen und mit Eigelb bestreichen.

Tapenade auf Baguette

Ein exquisiter Brotaufstrich aus der Provence, der schnell zubereitet ist.

Läßt sich gut vorbereiten

Zutaten für 15 Portionen:
150 g schwarze Oliven ohne Stein
50 g Kapern
50 g Sardellenfilets
1 Knoblauchzehe
6 Eßl. Olivenöl
1 Teel. Cognac
schwarzer Pfeffer, frisch gemahlen
1 Baguette
15 grüne Oliven (mit Paprika gefüllt)

- Zubereitungszeit: etwa 30 Minuten

Pro Portion etwa 660 kJ/160 kcal

1

Die schwarzen Oliven mit den Kapern in einen Mixer geben. Die Sardellenfilets kleinschneiden und dazugeben. Den Knoblauch schälen und durch die Knoblauchpresse dazudrücken.

2

Das Olivenöl dazugeben und alles etwa 2 Minuten pürieren, bis eine geschmeidige Masse entstanden ist.

3

Die Olivenmischung mit dem Cognac und reichlich schwarzem Pfeffer abschmecken.

4

Das Baguette schräg in 15 Scheiben schneiden und großzügig mit der Olivencreme bestreichen.

5

Die grünen Oliven halbieren und die Weißbrotscheiben damit garnieren.

!

Die Tapenade ist auch ein schönes Mitbringsel aus der Küche. Füllen Sie sie dazu in ein hübsches, gut ausgespültes Glas. Sie hält sich im Kühlschrank mindestens 2 Wochen.

Pistazien-Frischkäse-bällchen

Richten Sie die Bällchen auf Pumpernickeltalern an (auch Titelbild).

Schnell • Gelingt leicht

Zutaten für 30 Portionen:
100 g Schafkäse
200 g Doppelrahm-Frischkäse
schwarzer Pfeffer, frisch gemahlen
1/2 Bund Petersilie
120 g Pistazienkerne
30 Holzspießchen oder Zahnstocher nach Belieben

- Zubereitungszeit: etwa 50 Minuten

Pro Portion etwa: 230 kJ/55 kcal

!

Sie können einen Teil der Bällchen auch in anderen gehackten Nüssen wälzen, zum Beispiel in Walnüssen. Das sorgt nicht nur für geschmackliche, sondern auch für optische Abwechslung. Wer einen kräftigeren Geschmack bevorzugt, kann den Schafkäse durch Edelpilzkäse ersetzen.

1

In einer Schüssel den Schafkäse mit einer Gabel zerdrücken. Den Frischkäse und Pfeffer dazugeben und alles gut verrühren, bis eine feste, geschmeidige Masse entstanden ist.

2

Die Petersilie waschen, trockenschütteln und die Blättchen fein hacken. Unter die Käsemasse rühren.

3

Die Pistazien grob hacken. Mit einem Teelöffel von der Käsemasse kleine Portionen abstechen und auf der Handfläche zu etwa Ein-Mark-Stück-großen Kugeln rollen. In den Pistazienkernen wälzen.

4

Die Frischkäsebällchen bis zum Servieren kühl stellen. Dann auf einer Platte anrichten und nach Belieben je 1 Holzspießchen in jede Kugel stecken.

Auberginen-Quark-Röllchen

Sie sorgen für einen Hauch von Sommer und Süden auf Ihrem Buffet.

Vegetarisch

Zutaten für 30 Portionen:
4 Knoblauchzehen
1/8 l Olivenöl
3 große Auberginen (etwa 1 kg)
schwarzer Pfeffer, frisch gemahlen
Salz
250 g Quark (40% Fett i. Tr.)
etwa 4 Eßl. Milch
1 Teel. Zitronensaft
30 Holzspießchen
Zum Garnieren:
einige Thymianzweige
4 Zitronen

- Zubereitungszeit: etwa 50 Minuten

Pro Portion etwa 200 kJ/48 kcal

!

Mit vielen frischen Kräutern wird aus dem Quark ein köstlicher Dip.

1

Die Knoblauchzehen schälen, halbieren und in das Olivenöl geben. Die Auberginen waschen und von den Stielansätzen befreien. Dann längs jeweils in etwa 10 dünne Scheiben schneiden. Die Scheiben mit Salz bestreuen und dann 15–20 Minuten ziehen lassen.

2

In einer großen Pfanne das Olivenöl erhitzen. Die Auberginenscheiben darin portionsweise von beiden Seiten 2–4 Minuten braten.

3

Die Auberginen herausnehmen und auf Küchenpapier abtupfen, dann pfeffern und salzen.

4

Den Quark in einer Schüssel mit der Milch verrühren und mit Pfeffer, Salz und dem Zitronensaft würzen.

5

Jeweils etwas von dem Quark auf eine Auberginenscheibe streichen, die Scheibe aufrollen und auf ein Holzspießchen stecken.

6

Die Zitronen achteln. Die Röllchen auf einer Platte mit den Thymianzweigen und den Zitronenachteln servieren.

Würstchen im Schlafrock

Der Fingerfood-Hit für kleine, aber auch für große Gäste.

Schmeckt Kindern

Zutaten für 30 Stück:
5 Platten tiefgekühlter Blätterteig
(1 Packung, 450 g)
30 Cocktailwürstchen (aus dem Glas)
1 Eigelb
1 Eßl. Milch
Zum Bestreuen: Sesamsamen und Mohn

- Vorbereitungszeit: etwa 30 Minuten
- Auftau- und Ruhezeit: etwa 40 Minuten
- Backzeit: etwa 15 Minuten

Pro Stück etwa 450 kJ/110 kcal

!

Aus dem restlichen Blätterteig können Sie Sterne, Herzen oder andere Formen ausstechen und die Würstchen damit dekorieren.
Kinder lieben die Würstchen mit viel Ketchup, den Sie aus gehäuteten Tomaten am besten selbst zubereiten.

1

Die Blätterteigplatten nebeneinander auf eine bemehlte Arbeitsfläche legen. In etwa 20 Minuten auftauen lassen.

2

Jede Platte auf etwa 10 x 24 cm ausrollen und jeweils 6 Rechtecke von etwa 5 x 8 cm Größe daraus schneiden.

3

Jeweils 1 Würstchen mit einem Teigstück umwickeln und etwa 20 Minuten ruhen lassen.

4

Den Backofen auf 200° vorheizen. Das Backblech kalt abspülen.

5

Das Eigelb mit der Milch verquirlen. Die Würstchen mit der Teignaht nach unten nebeneinander auf das Blech legen. Mit der Eiermilch bestreichen, mit Sesam oder Mohn bestreuen und im Backofen (Mitte, Umluft 180°) in etwa 15 Minuten goldbraun backen.

Fleischklößchen mit Paprikasauce

Ein kleiner, feiner Snack, der im Nu fertig ist und ganz köstlich schmeckt.

Gelingt leicht • Raffiniert

Zutaten für 30 Portionen:
500 g Rinderhackfleisch
2–3 Eßl. Semmelbrösel
3 Knoblauchzehen
1 Ei
etwa 5 Eßl. Olivenöl
Salz
schwarzer Pfeffer, frisch gemahlen
1 Zwiebel
3 rote Paprikaschoten
4 Eßl. passierte Tomaten
70 g Mehl
1 Spritzer Tabasco

- Zubereitungszeit: etwa 1 Stunde

Pro Portion etwa 280 kJ/67 kcal

1

Das Hackfleisch mit den Semmelbröseln in einer Schüssel verkneten. Den Knoblauch schälen und durch die Presse dazudrücken. Das Ei und 1 Eßlöffel von dem Olivenöl untermischen. Die Masse mit Salz und Pfeffer kräftig würzen.

2

Für die Sauce die Zwiebel schälen und fein hacken. Die Paprikaschoten waschen, vierteln, von den Kerngehäusen und den weißen Trennwänden befreien und klein würfeln.

3

2 Eßlöffel von dem Olivenöl in einer Pfanne erhitzen, die Zwiebeln darin andünsten. Die Paprika und die passierten Tomaten dazugeben und bei mittlerer Hitze etwa 10 Minuten kochen lassen. Gelegentlich umrühren.

4

Inzwischen aus dem Fleischteig 30 etwa walnußgroße Klößchen formen. Das Mehl in einen Teller geben und die Klößchen darin wenden.

5

Das restliche Olivenöl in einer Pfanne erhitzen. Die Klößchen darin portionsweise je in etwa 4 Minuten rundherum braten. Auf Küchenpapier abtupfen.

6

Die Sauce mit Salz, Pfeffer und Tabasco würzen. Getrennt zu den Fleischklößchen reichen.

Oliven-Thunfisch-Pizzen

Diese würzigen Mini-Pizzen schmecken gut und machen satt (auch Titelbild)!

Würzig

Zutaten für 15 Stück:
Für den Teig:
1/2 Würfel Hefe (21 g)
1/2 Teel. Zucker
1 Teel. Salz
2 Eßl. Olivenöl
250 g Mehl
Für den Belag:
250 g passierte Tomaten
Salz
schwarzer Pfeffer, frisch gemahlen
1 Eßl. Kräuter der Provence
150 g Thunfisch aus delphinfreiem Fang
150 g schwarze Oliven ohne Stein
100 g Parmesan, frisch gerieben
Für das Backblech: Fett
Für die Arbeitsfläche: Mehl
Zum Beträufeln: Olivenöl

- Vorbereitungszeit: etwa 1 Stunde
- Backzeit: etwa 20 Minuten

Pro Stück etwa 610 kJ/150 kcal

!

Sie können die Pizzen statt mit Thunfisch auch mit der gleichen Menge Sardellen belegen.

1

Den Teig wie auf Seite 34, Schritt 1–4 beschrieben zubereiten.

2

Den Teig in 15 Stücke teilen und diese auf einer bemehlten Arbeitsfläche zu Kreisen von etwa 8 cm Durchmesser ausrollen (Seite 35).

3

Ein Backblech einfetten. Die Teigkreise nebeneinander darauf legen. (Sollten die Pizzen nicht alle Platz haben, backen Sie sie nacheinander.) Die passierten Tomaten mit Salz, Pfeffer und den Kräutern der Provence würzen und die Teigkreise damit bestreichen. Den Backofen auf 220° vorheizen.

4

Den Thunfisch abtropfen lassen, mit der Gabel zerpflücken und auf den Pizzen verteilen. Die Oliven halbieren und darauf legen (Seite 35).

5

Den Belag mit Salz und Pfeffer würzen, mit dem Parmesan bestreuen und mit Olivenöl beträufeln. Die Pizzen im Backofen (Mitte, Umluft 200°) in etwa 20 Minuten backen.

Gefüllte Champignons

Ein Biß – und weg sind diese köstlichen Pilze mit der pikanten Füllung.

Raffiniert • Gelingt leicht

Zutaten für 30 Portionen:
30 mittelgroße Champignons (etwa 800 g)
Saft von 1 Zitrone
1 Zwiebel
1 Knoblauchzehe
1/2 Bund Petersilie
50 g Schafkäse
2 Eßl. Olivenöl
150 g Rinderhackfleisch
2 Eßl. Crème fraîche
Salz
schwarzer Pfeffer, frisch gemahlen
1 Teel. getrockneter Oregano, gerebelt
50 g Pinienkerne
Für die Form: Butter
Zum Garnieren: glatte Petersilie und Oregano nach Belieben

- Vorbereitungszeit: etwa 45 Minuten
- Backzeit: etwa 20 Minuten

Pro Portion etwa 180 kJ/43 kcal

1

Die Champignons mit einem feuchten Tuch abreiben und die Stiele vorsichtig aus den Köpfen herausdrehen. Die Stiele putzen und kleinhacken. Köpfe und Stiele mit dem Zitronensaft beträufeln.

2

Die Zwiebel und die Knoblauchzehe schälen und kleinhacken. Die Petersilie waschen, trockenschütteln und ohne die groben Stiele fein hacken. Den Schafkäse mit einer Gabel zerdrücken.

3

In einer Pfanne das Olivenöl erhitzen und die Zwiebel und den Knoblauch darin glasig dünsten. Dann das Hackfleisch dazugeben und etwa 5 Minuten bei starker Hitze braten.

4

Die Champignonstiele, die Crème fraîche, den Schafkäse und die Petersilie unterrühren, mit Salz, Pfeffer und dem Oregano würzen und etwa 2 Minuten bei mittlerer Hitze braten. Den Backofen auf 200° vorheizen.

5

Eine feuerfeste Form mit etwas Butter einfetten. Die Champignonköpfe mit der Öffnung nach oben nebeneinander hineinsetzen, mit der Hackfleischmischung füllen und im Backofen (Mitte, Umluft 180°) in etwa 20 Minuten überbacken.

6

Die Pinienkerne in einer trockenen beschichteten Pfanne hellbraun rösten und über die fertigen Pilze streuen. Die Pilze nach Belieben mit etwas Petersilie und Oregano garnieren und sofort servieren.

Pizzen zubereiten

1 In einer Schüssel die Hefe mit 200 ml lauwarmem Wasser und dem Zucker verrühren. Dann an einem warmen Ort etwa 15 Minuten gehen lassen.

2 Salz, Öl und Mehl dazugeben und alles mit den Knethaken des Handrührgerätes, der Küchenmaschine oder den Händen zu einem Teig verkneten.

3 Den Teig zugedeckt an einem warmen Ort etwa 45 Minuten gehen lassen, bis sich sein Volumen etwa verdoppelt hat.

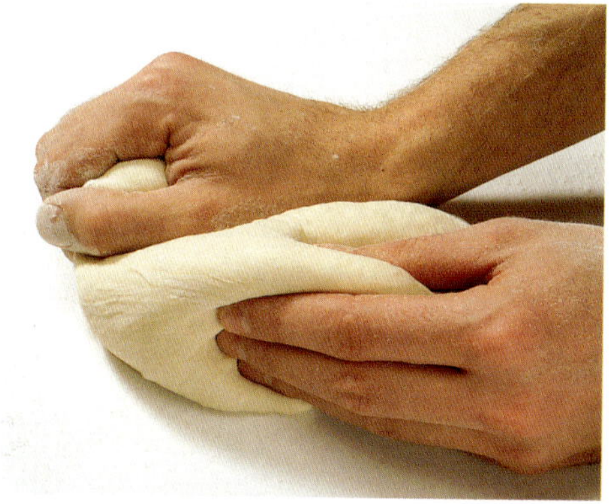

4 Den Teig auf leicht bemehlter Arbeitsfläche nochmals mit den Händen kräftig durchkneten. Der Teig soll weich und elastisch sein.

5 Das Backblech, am besten mit einem Stück Pergamentpapier, gründlich einfetten.

6 Den Teig auf einer leicht bemehlten Arbeitsfläche in Backblechgröße ausrollen.

7 Den Teig auf das Blech legen, in Form ziehen und die Ecken fest andrücken.

8 Den Belag auf dem Hefeteig verteilen und die Pizza wie in den Rezepten beschrieben backen.

Lizenzausgabe für Gondrom Verlag GmbH, Bindlach 2003
Autorin: Claudia Bruckmann
Fotos: Fotostudio Teubner
Covergestaltung: Monika Hagen

ISBN 3-8112-2141-8

Der Umwelt zuliebe gedruckt auf chlorfrei gebleichtem Papier.